Henriette Katharina Foldenauer

Stricken

mit Lissi und Lukas

OZ creativ

Über dieses Buch

Ich habe das Stricken noch in der Schule gelernt. Was ich dir in diesem Buch zum Thema Stricken zeige, stammt also von meiner damals schon sehr betagten Handarbeitslehrerin. Wenn sie wüsste, dass ich dieses Buch geschrieben habe – ich glaube, sie würde sich riesig freuen.

Und wie ist das bei dir? Vielleicht hast du ja von solchen Dingen wie dem Maschenanschlag, der rechten Masche, der linken Masche … schon gehört – oder kannst sie sogar schon. Fein, dann kannst du dich sehr schnell an die größeren Modelle wagen.

Aber wenn du denkst: Stricken – was ist denn das? Davon habe ich ja keine Ahnung! – Gar kein Problem: Mit diesem Buch lernst du das Stricken von Anfang an.

Bammel? Nicht nötig! Wir gehen wirklich ganz langsam vor. Außerdem habe ich versucht, alles möglichst einfach zu halten und wenig Fachsprache zu benutzen. Los geht's mit supereinfachen und kleinen Strickmodellen, wobei dich die Strickanleitung mit den gezeichneten Händen immer begleitet. Mit zunehmendem Können wird die Anleitung immer weniger ausführlich. Was genau richtig ist, weil sich deine Strickfähigkeiten ja inzwischen gewaltig verbessert haben. Und alles, was neu für dich ist, wird natürlich wieder ganz ausführlich erklärt.

Solltest du tatsächlich mal „den Faden verlieren", dann liest du schnell auf den Was-tun-wenn-Seiten am Ende des Buches nach. Irgendeine Rettung gibt es immer. Und Fehlermachen gehört zum Lernen dazu. Wenn du das Stricken fleißig übst, wirst du bald ein echter Profi. Und wenn dich das Strickfieber dann so richtig gepackt hat, ist keine Wolle mehr vor dir sicher!

So, jetzt wünsche ich dir viel Spaß und flinke Nadeln!

Deine

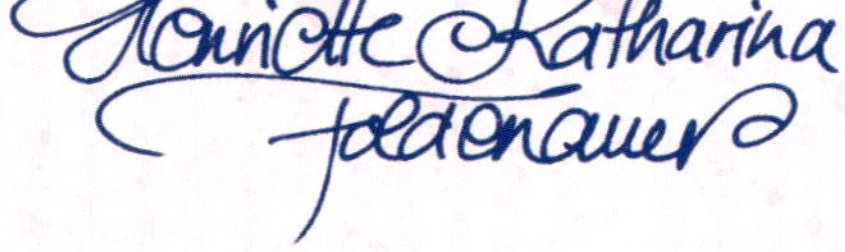

Inhaltsverzeichnis

Wolle

Es gibt unendlich viele Wollsorten. Für dich als Strickeinsteiger eignen sich vor allem dickere, reine Schurwollqualitäten sehr gut.

Dicke Schurwolle für Nadelstärke 5 bis 8

Reine Schurwolle, handgesponnen

Verlaufswolle (Multicolorgarn) für Nadelstärke 5 bis 7; es entsteht ein buntes Muster

Dünnere Schurwolle für Nadelstärke 4,5 bis 5,5; gut geeignet für Fingerschnüre

Noppenwolle für Nadelstärke 7 bis 8; für die brauchst du schon etwas Übung

Schafschurwolle für Nadelstärke 8 bis 9

Kid-Mohair-Wolle; kann gut mit einer anderen Wolle zusammen verstrickt werden

Material

Es gibt verschiedene Dinge, die zum Stricken, zur Verzierung und Fertigstellung der Modelle geeignet sind.

Fingerschnüre

Alles, was du brauchst, sind deine Hände – und die hast du ja immer dabei! Superpraktisch!

1. Es gibt ganz viele verschiedene Wollarten. Das kannst du ja auf Seite 6 ganz gut sehen. Zum Anfangen eignet sich eine reine Wolle mit dickem Wollfaden am besten.

2. Jetzt solltest du deine Finger zum Einstieg schön locker machen. Versuch doch mal, auf einem unsichtbaren Klavier zu spielen – los geht's.

Aus den Fingerschnüren kannst du tolle Armbänder und lustige Tiere machen. Hier siehst du eine Schnecke und eine Schlange.

3. Wickle die Wolle, wie auf dem Bild gezeigt, um die Finger. Du führst den Wollfaden zwischen kleinem Finger und Ringfinger hindurch – auf der Handinnenseite an Ring- und Mittelfinger vorbei. Dann legst du ihn um den Daumen.

4. Jetzt klappst du deinen Mittel-, Ring- und kleinen Finger auf die Handfläche herunter und hältst damit den Faden, der zum Wollknäuel führt, fest.

5. Nun kommt deine rechte Hand ins Spiel: Du schiebst den Zeigefinger der rechten Hand durch die Wollschlaufe, die du vorhin um den Daumen gelegt hast.

6. Jetzt kannst du mit der Fingerspitze den Faden, der um den Zeigefinger der linken Hand geschlungen ist, durch die Wollschlaufe ziehen.

7. Beim Fadendurchziehen entsteht eine neue Schlaufe! Und das ist schon die erste Schlaufe deiner Fingerschnur!

8. Ziehe den Wollfaden weiter durch die erste Schlaufe, bis die neu entstandene Schlaufe eine Größe von etwa 2 cm hat. Nun lässt du die erste fertige Wollschlaufe von deinem Daumen gleiten. Diese Schlaufe bleibt auf deinem rechten Zeigefinger!

9. Die Schlaufe kannst du nach Bedarf kleiner und größer ziehen. Wechsle den Faden. Dein Daumen und Mittelfinger halten das kurze Ende deiner Wolle fest. Das lange Ende läuft über deinen linken Zeigefinger.

10. Jetzt kriechen dein Daumen und dein Zeigefinger durch die Schlaufe.

11. Den Faden mit den Fingerspitzen greifen und durchziehen. Mit der linken Hand holst du immer Wolle vom Knäuel nach. Du kannst etwas Wolle auf Vorrat um den Zeigefinger wickeln.

12. Nach dem Fadenholen ziehst du die Schlaufe immer erst einmal fest. Beim nächsten Fadenholen wächst sie wieder. Danach die neue Schlaufe wieder festziehen usw. Wiederhole dies, bis deine Schnur lang genug ist. Dann den Faden ca. 10 cm über der letzten Schlaufe abschneiden, durchziehen und fertig!

Erstes Strickstück

Juhu! Jetzt kommen die Nadeln ins Spiel: Du lernst den Maschenanschlag, die rechte Masche und das Abketten.

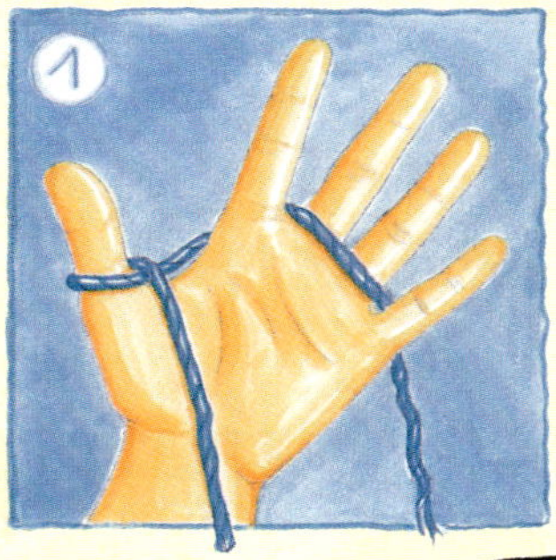

1. Zuerst wickelst du die Wolle um die Finger. Das geht genauso wie bei den Fingerschnüren auf Seite 8. Weißt du es noch?

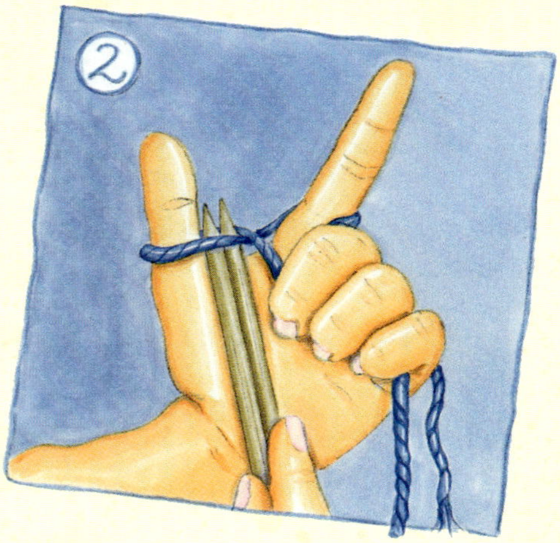

2. Für den Maschenanschlag musst du zunächst großzügig Wolle vom Knäuel abwickeln. Pro zehn Maschen, die du anschlagen möchtest, brauchst du etwa 25 cm. Gib immer noch 25 cm als Reserve dazu. Nimm beide Stricknadeln in die rechte Hand und schiebe sie durch die Wollschlaufe, die du vorhin um den Daumen gelegt hast.

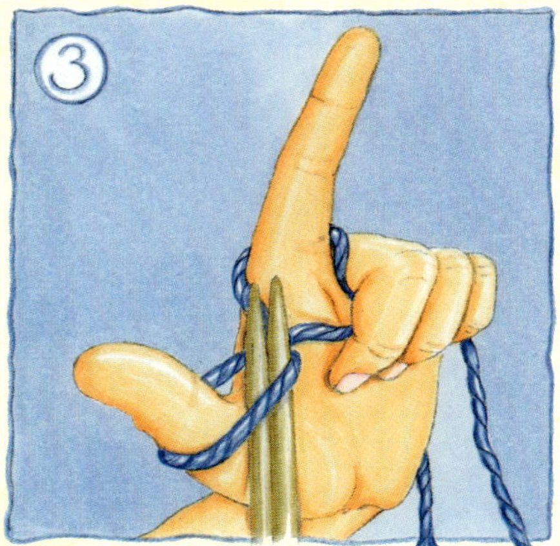

3. Mit den Nadelspitzen bewegst du dich in die Richtung des Fadens, der um den Zeigefinger der linken Hand geschlungen ist.

4. Dann kannst du den Faden mit einer kleinen „Verbeugung" der Nadelspitzen auf die Nadeln heben.

Dein erstes Strickstück kannst du zum Beispiel als Teppich für deine Puppenstube verwenden.

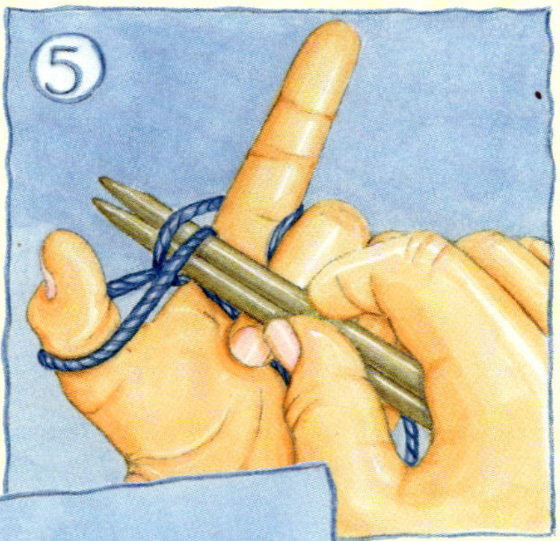

5. Genau dieser Faden wird deine erste Masche! Mit einer großen „Verbeugung“ ziehst du diesen Faden nun durch die Daumenschlaufe zu dir zurück.

6. Fast geschafft! Du ziehst nun den Wollfaden immer weiter durch die Daumenschlaufe, bis du eine wunderschöne Masche auf der Nadel hast.

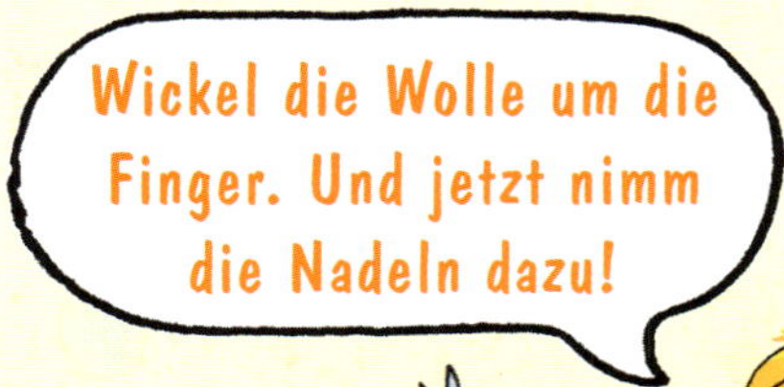

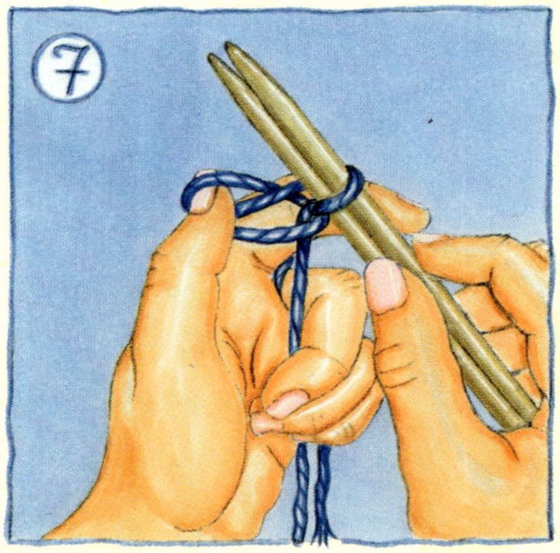

7. Nun lockerst und löst du ganz vorsichtig die Wollschlaufe, die um deinem Daumen liegt. Deine Masche bleibt dabei auf den Nadeln liegen!

8. Ganz behutsam lässt du die Wollschlaufe von deinem Daumen heruntergleiten. Dabei bleibt deine Masche weiter auf den Nadeln liegen.

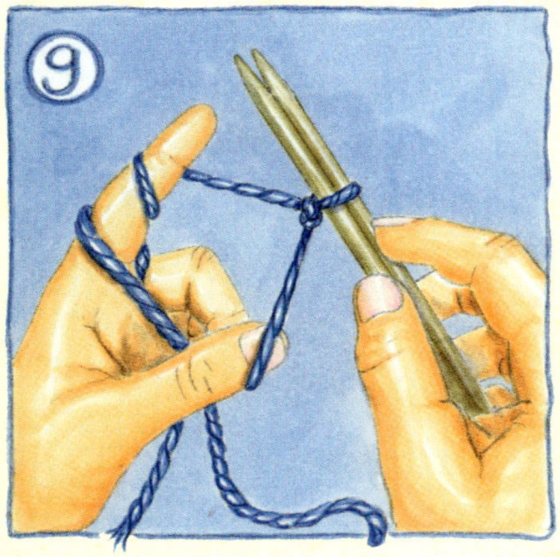

9. Durch das Spreizen von Daumen und Zeigefinger kannst du deine Masche jetzt etwas zusammenziehen und somit fixieren.

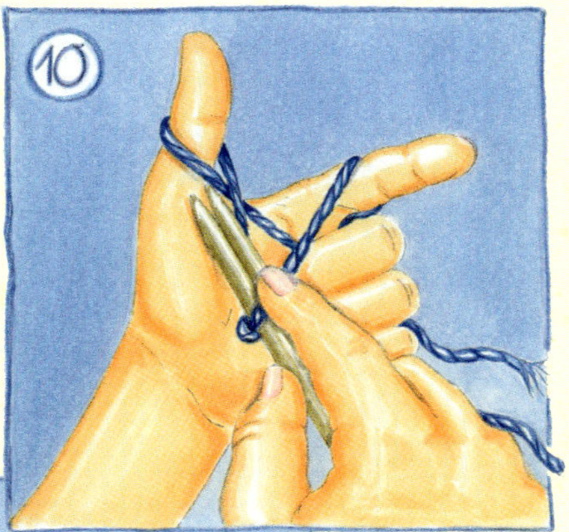

10. Wiederhole den Anschlag so oft, bis die gewünschte Maschenanzahl erreicht ist.

11. Danach eine der beiden Nadeln langsam und vorsichtig herausziehen. Alle deine Maschen sind auf einer Nadel versammelt.

12. Jetzt werden deine Anschlagmaschen als rechte Maschen abgestrickt. Die ersten drei bis fünf Maschen arbeitest du am besten mit doppeltem Wollfaden. Dazu wickelst du sowohl den Rest des Anschlagfadens als auch den Faden vom Wollknäuel um den Zeigefinger der linken Hand. Stich mit der noch leeren Nadel, die du in der rechten Hand hältst, von vorn in die erste Anschlagmasche auf der Nadel der linken Hand. Die Fäden liegen hinter der ersten Anschlagmasche.

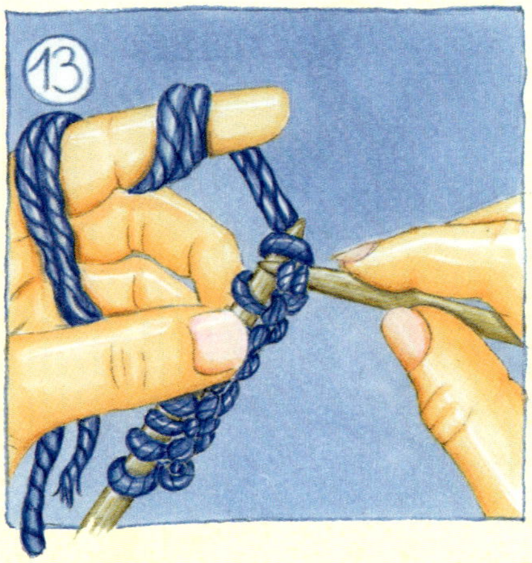

13. Mit einer „Verbeugung“ der rechten Nadel ziehst du die Fäden durch deine erste Anschlagmasche auf der linken Nadel hindurch.

14. Zum Abheben deiner ersten rechten Masche schiebst du mit dem Zeigefinger der rechten Hand langsam die Nadel der linken Hand etwas nach unten. Dabei wandern die Maschen dieser Nadel hoch. Jetzt kannst du die Masche sanft von der linken Nadel gleiten lassen.

15. Hurra! Deine erste rechte Masche ist fertig! Stricke die nächsten zwei bis drei Anschlagmaschen genauso mit doppeltem Faden ab. Dann strickst du alle weiteren Maschen mit einfachem Faden. Ist die erste Reihe fertig, wendest du das Strickzeug. Deine leere linke Nadel wird nun deine rechte Nadel. Alle folgenden Reihen genauso stricken.

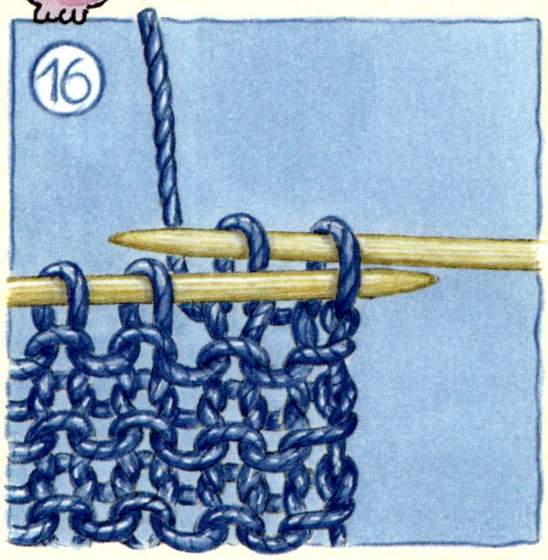

16. Stricke so viele Reihen, wie du möchtest. Bei meinen Strickstücken sind es zwischen zehn und 20 Reihen. Um dein Strickstück zu beenden, musst du abketten. Das geht so: Du strickst die ersten beiden Maschen einer Reihe. Dann stichst du mit der linken Nadel in die erste abgestrickte Masche ein und ziehst sie über die zweite Masche.

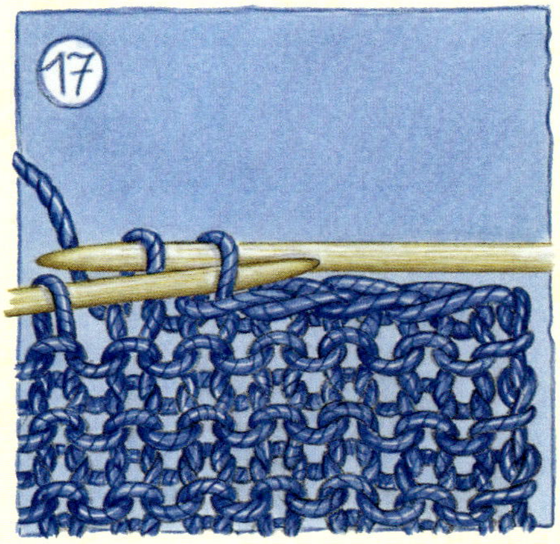

17. Dann strickst du die dritte Masche ab und ziehst die zweite Masche über die dritte. Wenn alle Maschen abgekettet sind, den Faden abschneiden und durch die letzte Masche ziehen.

18. Zum Schluss werden die Fäden vernäht. Fädele dein Fadenende in eine stumpfe Sticknadel und ziehe den Faden schräg zwischen den Maschenreihen hindurch. Der Faden soll auf der Vorderseite nicht zu sehen sein. Hast du alle Fäden vernäht, ist dein erstes Strickstück fertig.

Mini-Täschchen

Schon bist du bereit, um dein erstes richtiges Modell zu stricken: eine tolle Tasche, die mit einem Filzherzen verziert werden kann.

1. Den Maschenanschlag machst du genauso, wie auf den Seiten 12 bis 15 erklärt. Ich habe für mein Täschchen 25 Maschen angeschlagen. Es ist knapp 20 cm breit geworden. Aber das hängt von der Wollstärke ab. Ich habe mit dicker Schurwolle gestrickt und dazu Nadeln der Stärke 5 verwendet.

2. Sind alle Maschen angeschlagen, strickst du rechte Maschen. Weißt du noch, wie das geht? Auf den Seiten 15/16 erklären es dir die Bilder 12 bis 15.

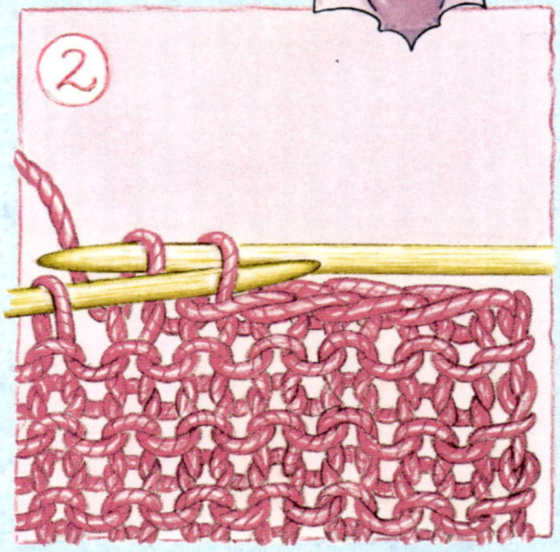

3. Stricke so viele Reihen, wie du möchtest. Bei meinem Täschchen sind es 22 „Wellen" geworden. Eine „Welle" besteht aus zwei Bögen. Das entspricht zwei Reihen mit rechten Maschen. Ich habe also 44 Reihen rechts gestrickt. Um dein Stickstück zu beenden, musst du abketten. Erinnerst du dich noch? Auf den vorigen Seiten erklären es dir die Bilder 16 und 17.

Tipp: Du kannst auch ein Probestück stricken. Hierfür zehn Maschen anschlagen, ein paar Reihen stricken und schauen, wie breit diese zehn Maschen geworden sind. Angenommen es sind 10 cm, so brauchst du für eine Tasche mit 20 cm Breite also die doppelte Maschenanzahl. Das ist doch ganz leicht!

Das Mini-Täschchen wird durch ein Filzherz toll aufgepeppt.

4

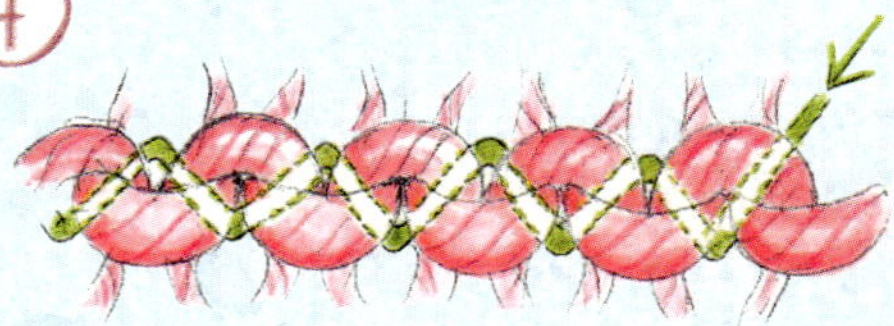

4. Die losen Fadenenden werden nun vernäht. Fädele dein loses Fadenende in eine stumpfe Sticknadel. Nun umkreist du mit der Nadel die „Wellen“ von ca. fünf Maschen. Dann den restlichen Faden abschneiden. Gib acht, dass der Faden auf der Vorderseite nicht zu sehen ist. Hast du alle Fäden vernäht, kannst du deine Mini-Tasche zusammennähen.

5

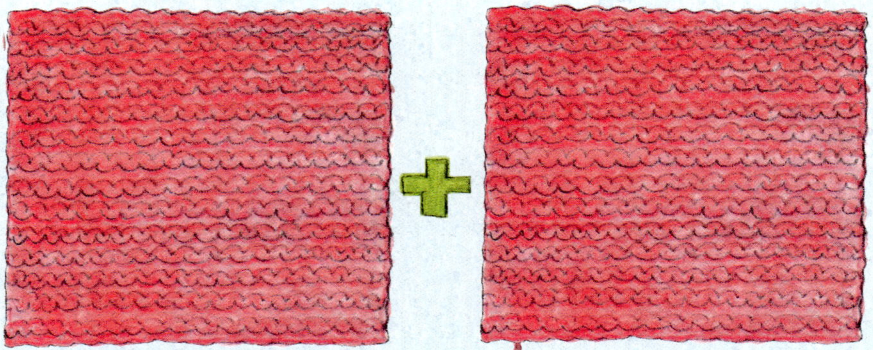

Vorderseite

Rückseite

5. Hier sind deine gestrickten Teile zu sehen: Vorderseite und Rückseite des Täschchens.

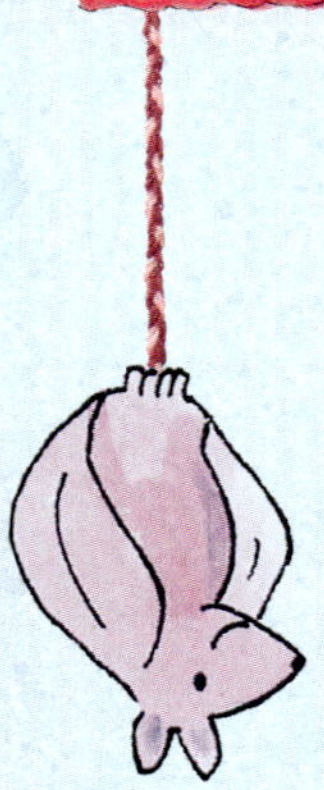

6

hier offen lassen

schließen

schließen

schließen

6. Diese werden nun passgenau aufeinandergelegt und an drei Seiten zusammengenäht. Oben bleibt die Tasche offen.

7

7. Für den Riemen fertigst du drei Fingerschnüre, wie in Kapitel 1 beschrieben, von ca. 1,20 m Länge an. Diese locker flechten und an den Enden verknoten. Dabei verkürzt sich die Länge etwas. Seitlich mit Stichen an der Tasche annähen.

8. Als Deko schneidest du dir aus Filz – sehr schön ist echter Wollfilz – ein Herz aus. Als Vorlage kannst du das Herz auf dieser Seite verwenden.

8

9

9. Nähe das Herz mit Stichen auf die Taschenvorderseite. Oder bügle es mit Bügelvlies nach Herstelleranleitung auf. Lass dir dabei von einem Erwachsenen helfen. Abschließend kannst du ein paar Glitzersteine aufkleben oder das Herz mit einem Glitterstift verzieren. Alles gut trocknen lassen. Jetzt ist die Tasche ausgehfertig. Du auch?

Schmetterlinge

Jetzt wird's kunterbunt:
Schmetterlinge in vielen Farben flattern über die folgenden Seiten. Du kannst aber auch farbenfrohe Schleifen gestalten.

1. Den Maschenanschlag machst du so, wie beim ersten Strickstück erklärt. Ich habe für meine Schmetterlinge und große Schleifen je 20 Maschen angeschlagen. Sie sind ca. 9 cm breit. Für die Haarschleifen habe ich 12 Maschen angeschlagen. Sie sind ca. 6 cm breit. Ich habe mit reinem Baumwollgarn gestrickt und Nadeln der Stärke 3,5 verwendet.

2. Sind alle Maschen angeschlagen, strickst du rechte Maschen. Weißt du noch, wie das geht? Falls nicht, lies im Kapitel über das erste Strickstück noch einmal nach.

3. Stricke so viele Reihen, bis ein schönes Rechteck entstanden ist. Ich habe ca. 13 „Wellen“ gestrickt, also 26 Reihen. Nun kettest du die Maschen locker ab. Zum Schluss den Faden abschneiden und durch die letzte Masche ziehen.

Du kannst selbst entscheiden, ob aus deinem Strickstück ein Schmetterling oder eine Haarschleife werden soll.

4. Die Fadenenden wie beim Mini-Täschchen vernähen. Suche dir die Mitte des Rechtecks und kennzeichne die Stelle mit einer Stecknadel. Dann an der Mittellinie entlangnähen. Dabei immer auf- und abstechen. Am Fadenende ziehen, bis eine schöne Raffung entstanden ist. Den Faden ein paarmal um die Mitte wickeln und festnähen oder verknoten.

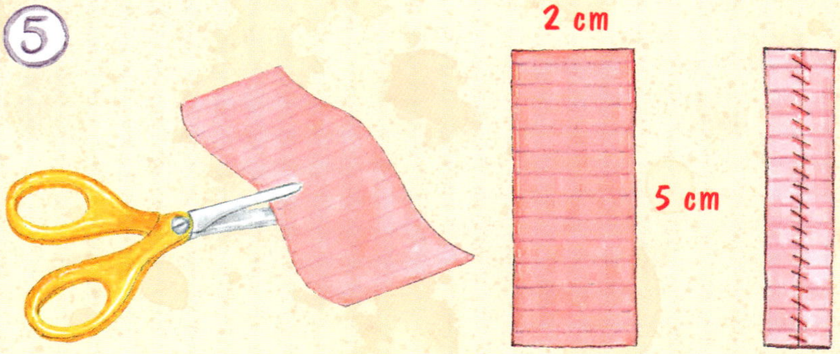

5. Um eine Banderole für die Schleifen zu fertigen, schneidest du einen Streifen von ca. 2 cm Breite und 5 cm Länge aus Stoff oder Filz zu. Forme eine Rolle und nähe sie mit passendem Faden zusammen. Drücke sie flach. Die Naht liegt dabei in der Mitte.

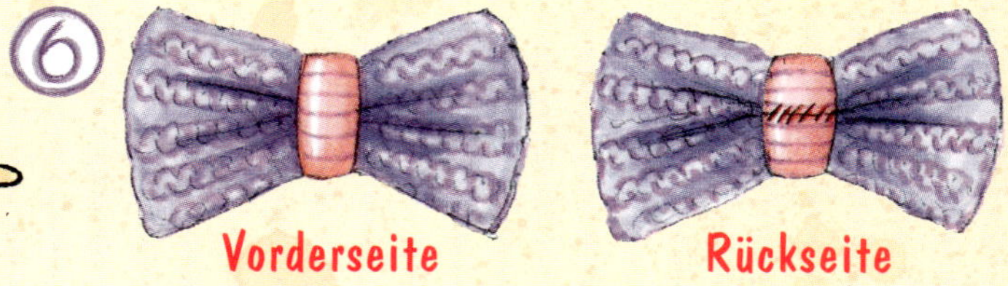

6. Lege diese Stoffrolle um deine Schleife. Die Naht liegt unsichtbar innen. Auf der Rückseite deiner Schleife die Stoffrolle mit wenigen Stichen zusammennähen. Die kleinen Schleifen kannst du einfach auf ein farblich passendes Haargummi nähen.

⑦

7. Für den Schmetterling schneidest du aus Wollfilz einen Körper aus. Du kannst die Vorlagen auf dieser Seite verwenden oder selbst eine ähnliche Form entwerfen. Nähe den Filzkörper mit zarten Stichen auf oder gib etwas Alleskleber auf die Filzunterseite und klebe den Körper fest. Gut trocknen lassen.

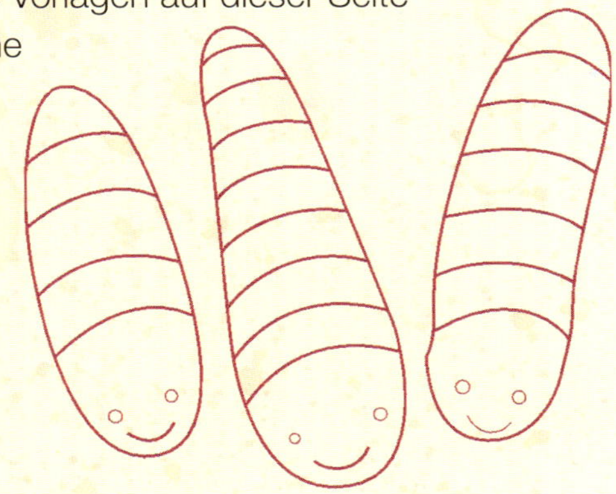

⑧

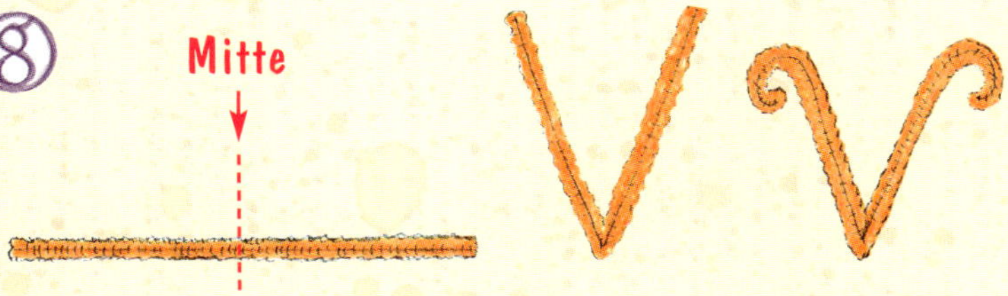

8. Für die Fühler brauchst du einen Pfeifenputzer oder Chenilledraht. Schneide ein Stück ab und biege es zurecht. Nähe die Fühler am Schmetterling fest. Einfachere Fühler kannst du aus Wolle machen: Etwa 10 cm Garn abschneiden, an den Enden verknoten und festnähen.

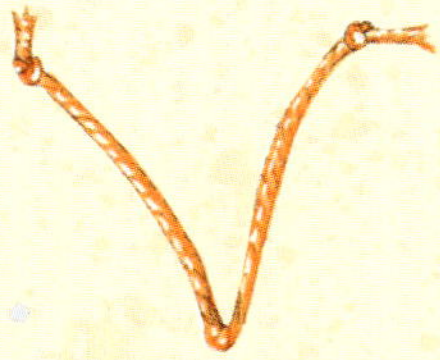

⑨

9. Verziere deinen Schmetterling nach Lust und Laune mit Filzpunkten, Pailletten und Perlenaugen. Der Schmetterlingskörper bekommt noch Streifen mit Glitterstift oder mit aufgestickten Perlen. Und schon fliegt er davon …

Bunte Bälle

Mit diesen Bällen kannst du gefahrlos jonglieren, denn sie sind leicht und superweich.

1. Los geht's wie immer mit dem Maschenanschlag. Den machst du so, wie beim ersten Strickstück erklärt. Ich habe für meine Bälle je 30 Maschen in dünner Schurwolle angeschlagen. Diese Wolle hat einen Farbverlauf. Dazu habe ich Bambusnadeln der Stärke 4 verwendet.

2. Sind alle Maschen angeschlagen, strickst du rechte Maschen. Weißt du noch, wie das geht? Falls nicht, lies im Kapitel über das erste Strickstück noch einmal nach.

3. Stricke etwa 19 „Wellen" (also 38 Reihen), bis ein schönes Rechteck entstanden ist. Dann kettest du die Maschen locker ab. Zum Schluss den Faden abschneiden und durch die letzte Masche ziehen.

Die Bälle sind ganz leicht, denn sie werden mit Wollvlies oder Stopfwolle gefüllt.

4

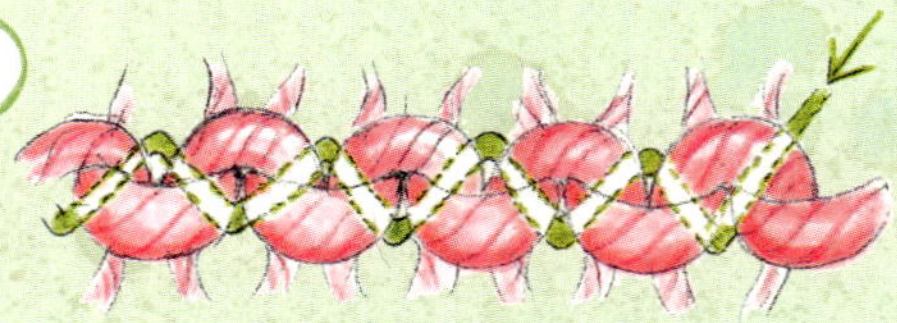

4. Anschließend vernähst du die Fäden. Wie das geht, wird beim Mini-Täschchen auf Seite 20 genau erklärt.

5

5. So entsteht ein Ball: Als Erstes klappst du dein Rechteck so zusammen, dass ein Quadrat entsteht. Dieses Quadrat entlang der offenen Seite B zunähen, indem du den Faden leicht schräg über die Kanten legst. Diesen Stich nennt man Schlingstich. Den Faden vernähen.

6

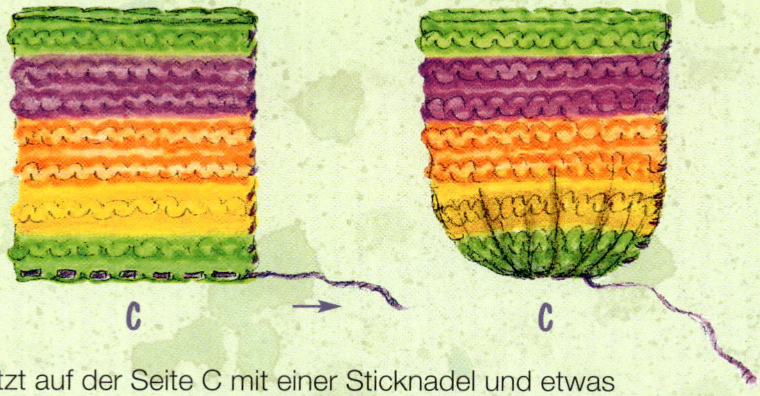

6. Jetzt auf der Seite C mit einer Sticknadel und etwas Wollfaden durch die unterste Maschenreihe stechen. Am Fadenende ziehen, bis die Unterseite geschlossen ist. Den Faden mit kleinen Stichen festnähen und vernähen.

7. Du brauchst gut zwei Handvoll Stopfwolle oder Wollvlies (am besten farblich passend, denn ein bisschen blitzt die Farbe der Stopfwolle zwischen den gedehnten Maschen hindurch). Damit den Ball von der noch offenen Seite aus zur Hälfte befüllen.

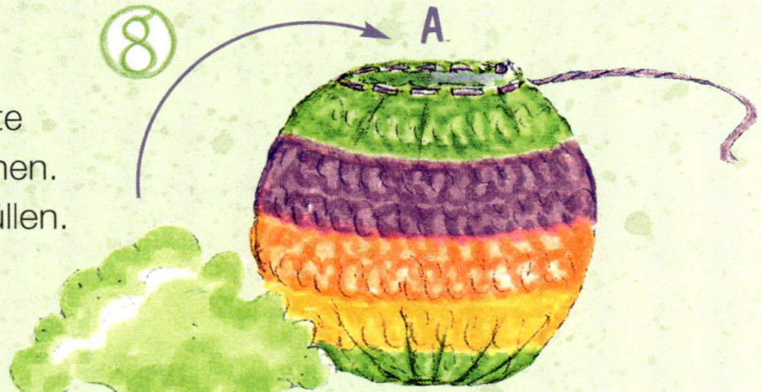

8. Nun bei Seite A mit Nadel und Faden die oberste Maschenreihe auffassen. Am Fadenende leicht ziehen. Anschließend den Ball mit der restlichen Wolle befüllen. Dabei ruhig kräftig stopfen. Die Öffnung immer weiter zuziehen, ganz schließen und den Faden mit kleinen Stichen festnähen.

9. Zum Schluss den Ball zwischen deinen Handflächen hin und her rollen, bis er schön rund ist. Jetzt ist er fertig und wartet schon aufs Spielen!

Ein Schal für Teddy

Jetzt kommen die linken Maschen an die Reihe. Rechte Maschen kannst du ja schon.

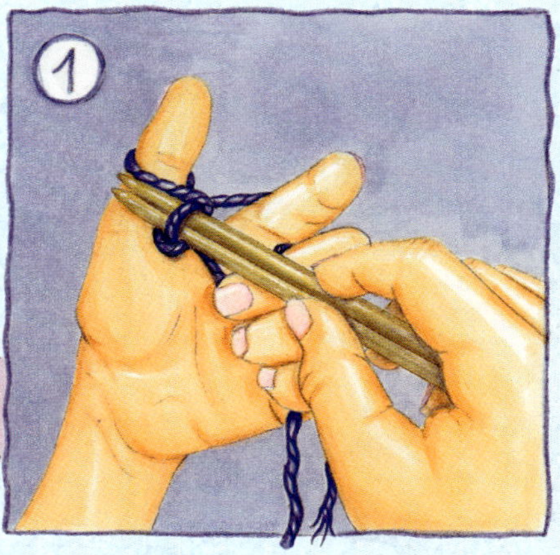

1. Los geht's wie immer mit dem Maschenanschlag. Falls du nicht mehr genau weißt, wie's funktioniert, blättere zurück zum ersten Strickstück.
Für meinen Teddyschal habe ich 14 Maschen angeschlagen. Gestrickt habe ich mit reiner Schurwolle. Dazu wurden Bambusnadeln der Stärke 4 verwendet.

2. Sind alle Maschen angeschlagen, strickst du eine Reihe rechte Maschen. Weißt du noch, wie das geht? Falls nicht, lies im Kapitel über das erste Strickstück noch einmal nach. Danach wird es spannend: Die zweite Reihe wird links gestrickt! Dazu als Erstes wie immer dein Strickzeug wenden.

Der Teddyschal wird abwechselnd mit rechten und linken Maschenreihen gestrickt.
Das Muster nennt man glatt rechts.

3. Bei der linken Masche wird der Faden, der von deinem Zeigefinger kommt, auf die Nadel gelegt. Er liegt also vor der Masche, die du abstricken willst.

4. Nun stichst du mit der Nadel der rechten Hand unter dem Faden hindurch und gleichzeitig in die erste Masche der linken Nadel.

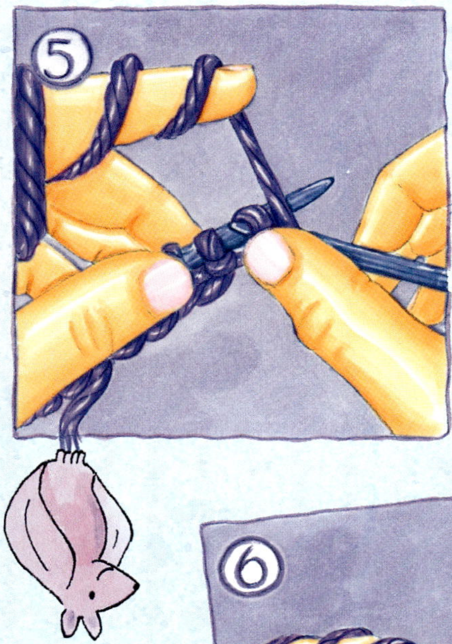

5. Mit dem Daumen deiner rechten Hand hältst du sowohl den Faden als auch die Masche fest. Ziehe die Masche mitsamt dem Faden ganz leicht in deine Richtung. Das weitet die Maschenöffnung etwas. So kannst du später den Faden besser hindurchziehen.

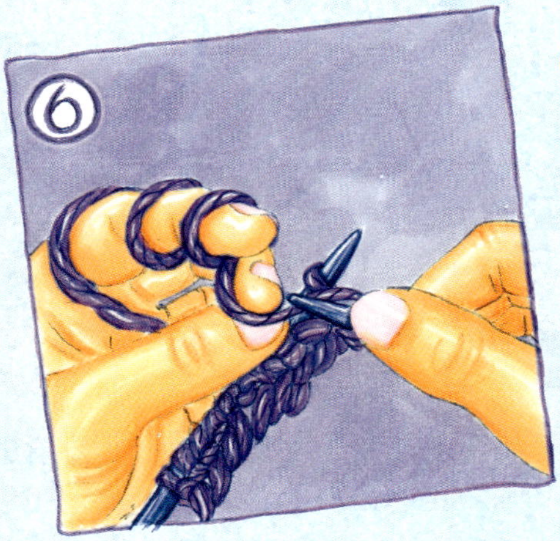

6. Um den Faden bequem durch die Masche und den davorliegenden Faden ziehen zu können, führst du mit dem Mittelfinger deiner linken Hand den Faden, der vom Zeigefinger kommt, einfach etwas nach unten. Nimm den Faden mit deiner rechten Nadelspitze auf und schiebe ihn mit einer „Verbeugung" nach hinten durch die Masche.

Vorderseite

Rückseite

7. Schon fast geschafft: Die Schlaufe deiner ersten linken Masche liegt bereits auf deiner rechten Nadel. Diese Schlaufe nun mit Gefühl abheben. Das geht genauso wie bei der rechten Masche. Dabei schiebst du wieder mit dem Zeigefinger der rechten Hand langsam die Nadel der linken Hand etwas nach unten. Lass nun deine linke Masche sanft von der linken Nadel gleiten.

8. Hurra! Deine erste linke Masche ist da! Nun stricke alle Maschen dieser Nadel genauso links ab. Wenn du mit deiner Reihe fertig bist, wird das Strickzeug gewendet. Die nächste Reihe wieder rechts abstricken. Das Strickzeug wenden. Die vierte Reihe links stricken. Wenden. Rechts stricken. Wenden. Links stricken. Wenden. Und immer so weiter.

9. Stricke so weiter, bis dein Schal lang genug ist. Zum Test leg den Schal dem Teddy um. Mein Teddyschal ist ca. 55. cm lang geworden.

10. Dann kettest du locker ab. Wie's geht, wird beim ersten Strickstück genau beschrieben.

11

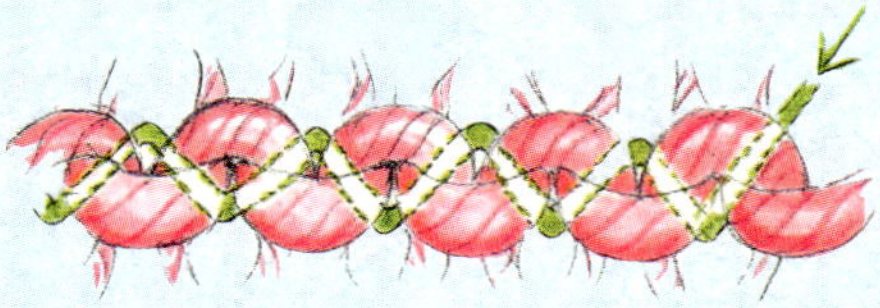

11. Nun werden die Fäden vernäht. Gehe so vor, wie beim Mini-Täschchen erklärt. Nach dem Vernähen den restlichen Faden abschneiden. Gib acht, dass der vernähte Faden auf der Vorderseite nicht zu sehen ist. Hast du alle Fäden venäht, kannst du noch Fransen an deinen Schal anknüpfen.

Tipp: Willst du Fransen an deinem Schal anbringen, stich mit der Häkelnadel am Rand durch eine Masche, lege einen Wollfaden vor das Nadelhäkchen, ziehe den Faden durch die Masche zu einer Schlaufe und ziehe anschließend die Fadenenden durch diese Schlaufe hindurch. Fest anziehen und fertig ist die erste Franse! Auf diese Weise in alle Maschen der kurzen Schalseiten Fransen knüpfen.

Stricktiere

Du kannst jetzt schon so toll stricken, dass du das lustige Schweinchen und süße Kätzchen ganz alleine herstellen kannst. Sind sie nicht knuddelig?

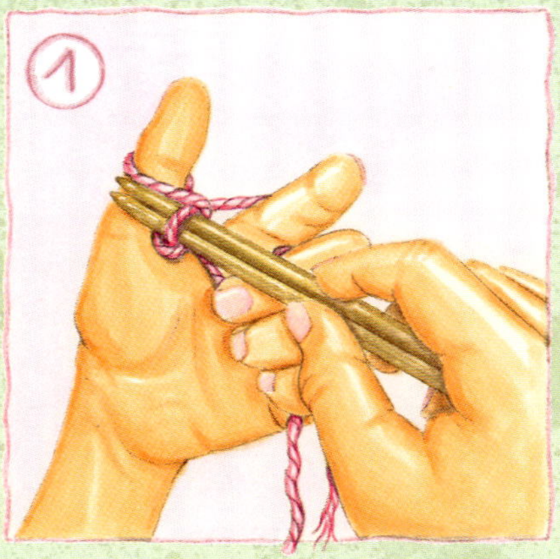

1. Du startest wie immer mit dem Maschenanschlag. Falls du nicht mehr genau weißt, was du tun musst, blättere zurück zum ersten Strickstück.
Für meine Tiere habe ich je 20 Maschen angeschlagen. Gestrickt wurde mit reinem Baumwollgarn in Rosa für das Schweinchen und in Goldbraun für die Katze. Dazu habe ich Bambusnadeln der Stärke 4 verwendet.

2. Sind alle Maschen angeschlagen, strickst du eine Reihe rechte Maschen. Weißt du noch, wie das geht? Falls nicht, lies im Kapitel über das erste Strickstück noch einmal nach.

Tipp: Das Baumwollgarn verlangt ein gleichmäßiges Maschenbild. Kleine Unregelmäßigkeiten fallen sofort ins Auge. Mit diesem Garn kannst du deine Strickkünste schulen. Wenn alle Maschen gleich aussehen, bist du schon ein echter Strickprofi.

Mit etwas Filz und Perlen werden die gestrickten Läppchen zu lustigen Tieren.

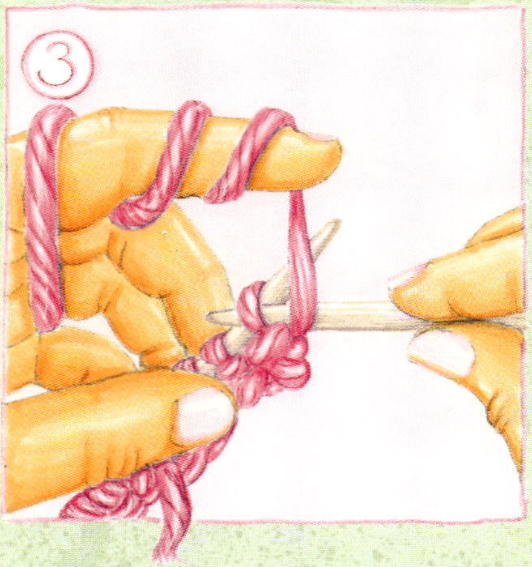

3. Die nächste Reihe wird nur mit linken Maschen gestrickt. Wie eine linke Masche entsteht, hast du im letzten Kapitel gelernt. Auf den Seiten 32 bis 34 erklären es dir die Bilder 3 bis 8.

4. Stricke ca. 32 bis 35 Reihen, immer im Wechsel eine Reihe rechte Maschen, eine Reihe linke Maschen. Es ergibt sich ein Strickstück, das rund 12 cm hoch ist. Dann kettest du locker ab. Wie das geht, siehst du genau beim ersten Strickstück.

So, jetzt hast du die Vorderseite geschafft! Aber unser Tier braucht ja noch eine Rückseite: Also wiederholst du alle Arbeitsschritte noch einmal.

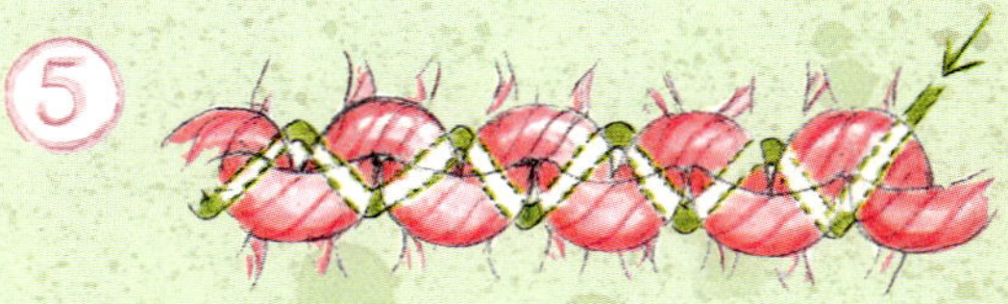

5. Hast du Vorder- und Rückseite gestrickt, vernähst du die Fäden. Gehe so vor, wie beim Mini-Täschchen beschrieben.

6. Hast du alle Fäden venäht, werden Vorder- und Rückseite zusammengenäht. Hilfreich ist es, wenn du die Teile vor dem Zusammennähen bügelst. Dabei solltest du ein leicht angefeuchtetes Tuch auflegen. Lass dir beim Bügeln von einem Erwachsenen helfen. Lege Vorder- und Rückseite passgenau aufeinander. Nähe die Rechtecke mit einem einfachen Schlingstich entlang den Seiten B, C und D zusammen. Der Schlingstich wird auf Seite 28 erklärt. Dafür verwendest du eine Stopfnadel und ein Stück Faden deines Strickgarns. Anschließend den Faden vernähen.

7. Zum Füllen der Tiere brauchst du gut zwei Handvoll Stopfwolle oder Vlieswolle. Diese sollte farblich passen, denn sie blitzt immer ein bisschen zwischen den Maschen hindurch. Das Tier über die noch offene Seite A befüllen. Dann nähst du auch diese Seite zu, wie oben gezeigt.

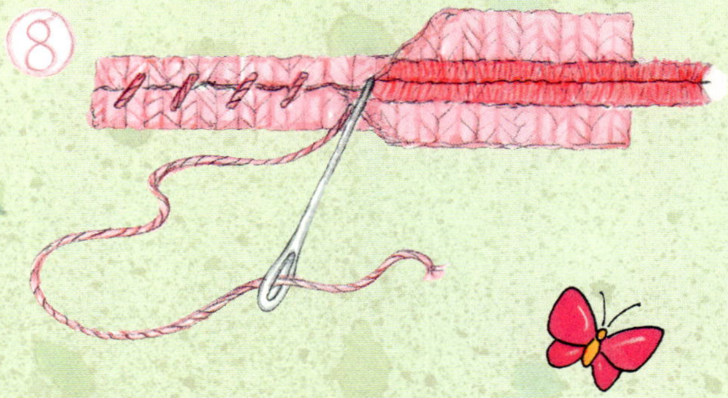

8. Für das Schwänzchen von Schweinchen und Katze schlägst du 40 Maschen in der jeweiligen Farbe an. Stricke acht Reihen glatt rechts, also eine Reihe rechts, eine Reihe links im Wechsel. Danach abketten und die Fäden vernähen. Das Schwänzchen bekommt einen Pfeifenputzer als Innenleben. Sollte der Draht zu lang sein, wird er mit einer Zange gekürzt.

9. Dann nähst du dein Schwänzchen mit farblich passendem Garn am Körper des Tieres fest.

10. Aus rosa Wollfilz schneidest du den Rüssel, die Ohren und Pfötchen des Schweinchens zu. Verwende einen Eierbecher als Schablone für den Rüssel, eine Ein-Euro-Münze für die Ohren und ein 20-Cent-Stück für die Pfoten.

11. Falte die Ohren, wie auf dem Foto zu sehen, und nähe sie rechts und links oben am Körper fest. Nähe den Rüssel und die Pfötchen ebenfalls am Körper fest. Für die Nasenlöcher verwendest du weinroten Filz. Nun noch Perlen als Äuglein aufnähen und fertig ist dein erster kleiner Freund!

12. Für die Katze schneidest du aus rosa Wollfilz das Näschen aus. Paus die Zeichnung links ab und nimm sie als Schablone. Für die Pfötchen verwendest du Halbkreise aus braunem Filz. Die Ohren mit rosa Stickgarn rechts und links oben schräg abnähen. Die Augen aus Perlen aufnähen.

13. Das Schnäuzchen mit Glitterstift in hellem Rot aufmalen. Lange trocknen lassen. Ebenso die Pfötchen und Ohrenabnäher damit verzieren.

14. Abschließend ein Stückchen Garn unterhalb des Halses durch die Maschen ziehen und zur Schleife binden.

Ein Schal für dich

Dein Teddy hat schon einen Schal bekommen, jetzt machst du einen für dich!

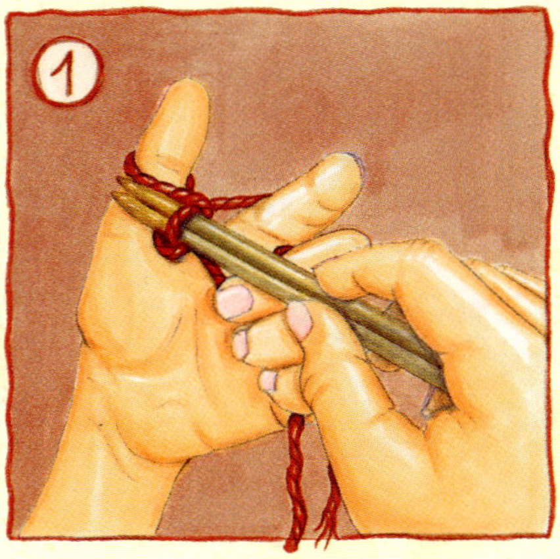

1. Du startest wie immer mit dem Maschenanschlag. Falls du nicht mehr genau weißt, was du tun musst, blättere zurück zum ersten Strickstück.
Für meinen roten Schal habe ich 45 Maschen angeschlagen. Gestrickt wurde mit feinem reinem Schurwollgarn. Dazu habe ich Bambusnadeln der Stärke 3,5 verwendet.

Tipp: Bei diesem Modell ist eine Rundstricknadel, wie sie vorne auf dem Materialbild zu sehen ist, ganz praktisch.

In Rosa oder Rot, mit Bommeln oder ohne – du hast viele Möglichkeiten!

2. Sind alle Maschen angeschlagen, strickst du die ersten fünf angeschlagenen Maschen mit doppeltem Faden rechts ab. Weißt du noch, wie das geht? Falls nicht, lies im Kapitel über das erste Strickstück noch einmal nach.

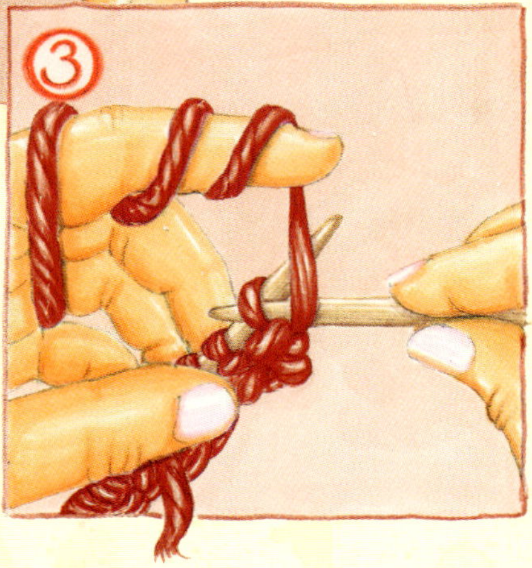

3. Nach der fünften rechten Masche strickst du fünf linke Maschen. Wie eine linke Masche entsteht, hast du beim Teddyschal gelernt. Falls du dir nicht mehr sicher bist, schau dort noch einmal nach.

4. Danach strickst du wieder fünf Maschen rechts. Arbeite immer im Wechsel fünf rechte und fünf linke Maschen bis zum Ende der Reihe. Dann wendest du das Strickzeug und strickst die Rückreihe. Dabei werden die Maschen so abgestrickt, wie sie erscheinen: Also rechte Maschen rechts stricken, linke Maschen links stricken. Stricke deinen Schal im Rippenmuster weiter, bis er lang genug ist. Mein roter Schal ist ca. 112 cm lang.

Tipp: Wenn du, wie hier erklärt, innerhalb einer Reihe regelmäßig zwischen rechten und linken Maschen wechselst, entsteht ein Rippenmuster. Beim rosa Schal sind die Rippen enger als beim roten Schal: Es werden drei Maschen rechts und drei Maschen links im Wechsel gestrickt.

Tipp: Wenn du während des Strickens ein neues Wollknäuel benötigst, gehst du folgendermaßen vor: Beende deine angefangene Reihe mit dem restlichen Garn. Stricke dann, wie du es vom Anfang deines Strickstückes gewohnt bist, die ersten fünf Maschen der neuen Reihe mit doppeltem Faden ab, also sowohl mit dem „alten" Faden als auch mit dem Faden des neuen Wollknäuels. Lass den Rest des „alten" Fadens hängen und stricke nur noch mit dem „neuen" Faden weiter.

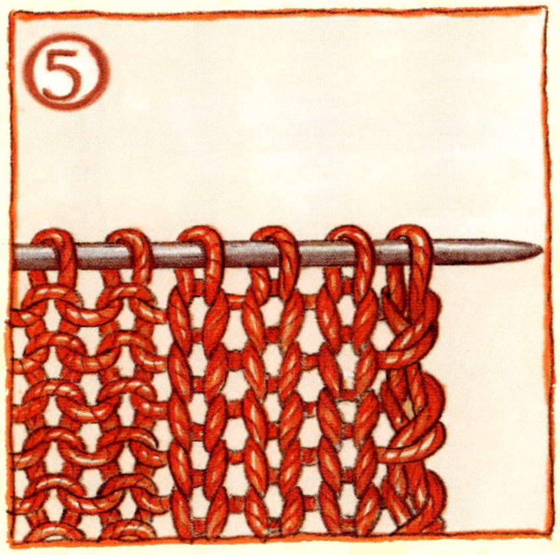

5. Die erste und letzte Masche einer jeden Reihe bilden später die Kanten des Schals. Es gibt nun verschiedenste Arten, einen Rand zu stricken. Wenn du mit dem Rippenmuster schon gut zurechtkommst, kannst du deinen Schal mit einem sogenannten Knötchenrand stricken. Dafür strickst du jede erste und letzte Masche einer Reihe (auch Randmasche genannt) rechts. Auf dem Bild siehst du den rechten Knötchenrand in der Hinreihe.

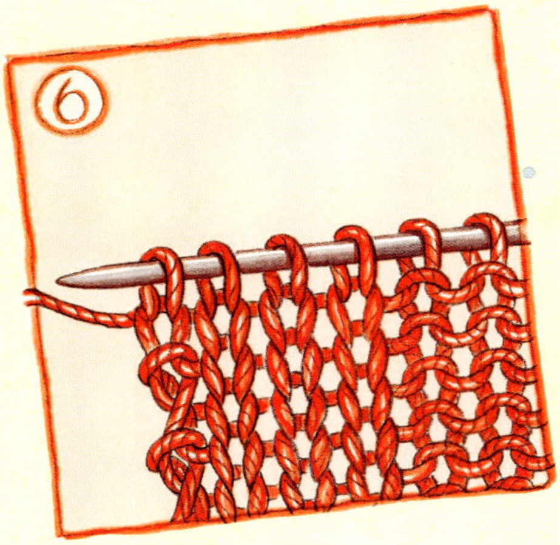

6. Hier wird der linke Knötchenrand in der Hinreihe gezeigt. Ein Knötchenrand ist für einen Schal gut geeignet, weil er an den Seiten für Stabilität sorgt.

7

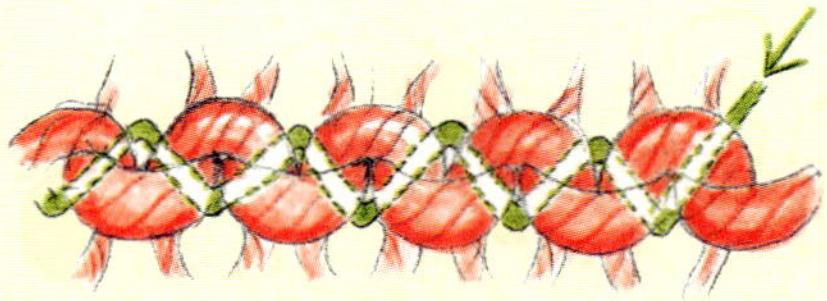

7. Hat dein Schal die gewünschte Länge, kettest du die Maschen locker ab. Anschließend vernähst du alle Fäden, wie beim Mini-Täschchen ausführlich erklärt.

8

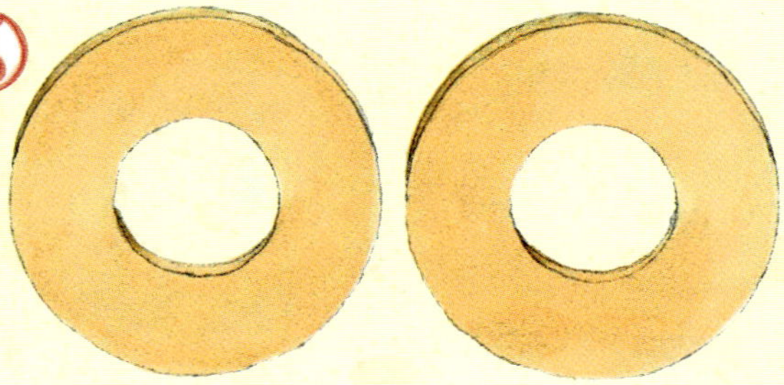

8. Bommeln sind weiche, kuschelige Wollkugeln und heißen auch Pompons. Sie werden aus gewickelter Wolle gefertigt. Dabei gehst du folgendermaßen vor: Aus festem Karton schneidest du mithilfe einer Schablone zwei gleich große Kreise mit Loch. Du kannst ein kleines Glas und ein Fünf-Cent-Stück als Schablonen verwenden.

9

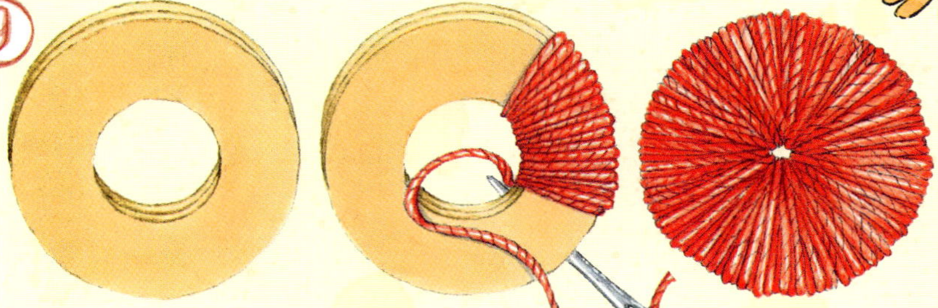

a b c

9. (a) Lege die beiden Kartonscheiben nun genau aufeinander.
(b) Fädele Wolle in eine stumpfe Sticknadel und umwickle damit die beiden Kartonringe.
(c) Wickle so lange, bis das Loch in der Mitte fast geschlossen ist.

10. Dann schneidest du mit einer Schere vorsichtig am Kartonrand entlang. Achte darauf, dass du alle Wickelfäden aufschneidest.

10

11

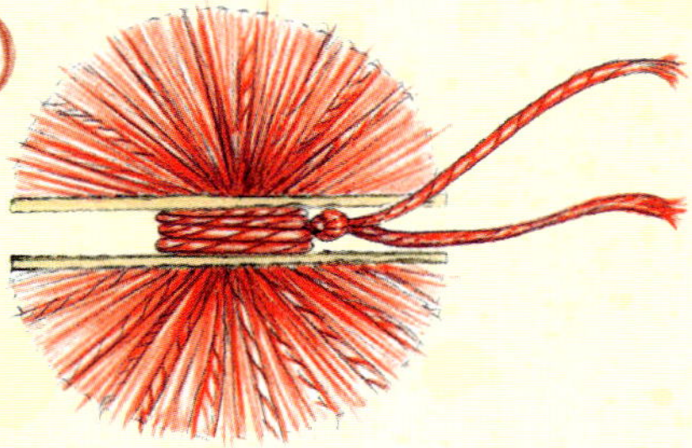

11. Nimm ein Stück Wollfaden und führe ihn zwischen den Pappscheiben hindurch. Umschlinge damit mehrmals die Bommelmitte. Binde so deine Bommel fest ab und verknote den Wollfaden gut. Mit den Fadenenden kannst du später die Bommel am Schal festnähen. Löse nun die Pappkreise aus der Wolle, indem du sie leicht auseinanderziehst. Rolle deine Bommel etwas in der Hand. Herausstehende Wollfäden kannst du mit der Schere einkürzen. Fertige auf diese Weise mehrere Bommeln und nähe sie an die kurzen Seiten deines Schals.

Tipp: Du hast keine Lust auf Bommeln? Dann knüpfe doch einfach stattdessen ein paar Fransen an.

Streifentasche

In dieser riesengroßen Tasche findet alles seinen Platz, was du immer bei dir tragen möchtest.

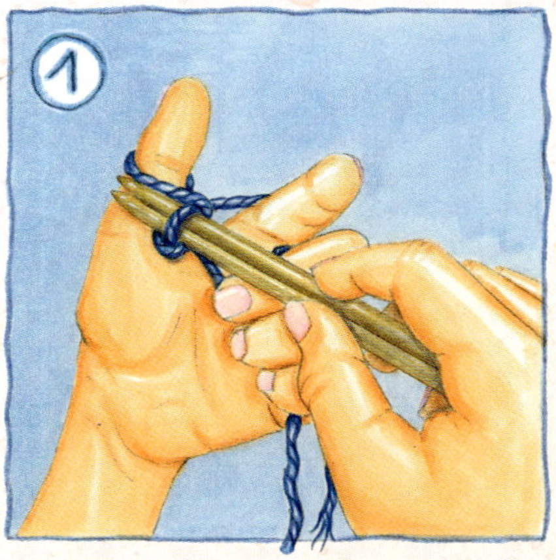

1. Wie's losgeht, weißt du ja schon: Du startest wie immer mit dem Maschenanschlag. Ganz genau erklärt wird dieser vorne beim ersten Strickstück.
Für meine Streifentasche habe ich 35 Maschen in Hellblau angeschlagen. Gestrickt wurde mit reinem, sehr dickem Schurwollgarn in zwei Farben (Hellblau und Weiß). Dazu habe ich Bambusnadeln der Stärke 7 verwendet.

2. Sind alle Maschen angeschlagen, strickst du eine Reihe rechte Maschen. Weißt du noch, wie das geht? Falls nicht, lies im Kapitel über das erste Strickstück nach.

Hier lernst du, wie du Wolle in einer neuen Farbe anstrickst.
Auf diese Weise kannst du die Blockstreifen für deine Tasche stricken.

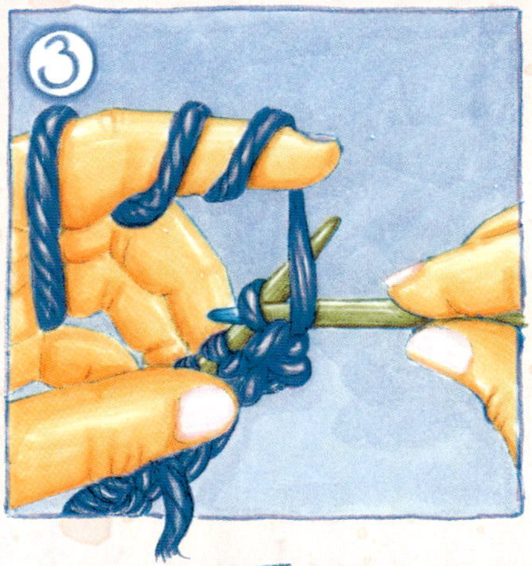

3. Die nächste Reihe wird mit linken Maschen gestrickt. Wie eine linke Masche entsteht, hast du beim Teddyschal gelernt. Falls du dir nicht mehr sicher bist, schau dort noch einmal nach. Stricke insgesamt sechs Reihen in glatt rechts (also immer eine Reihe rechts, eine Reihe links im Wechsel) mit hellblauer Wolle. Die Randmaschen kannst du immer rechts stricken, damit ein Knötchenrand entsteht.

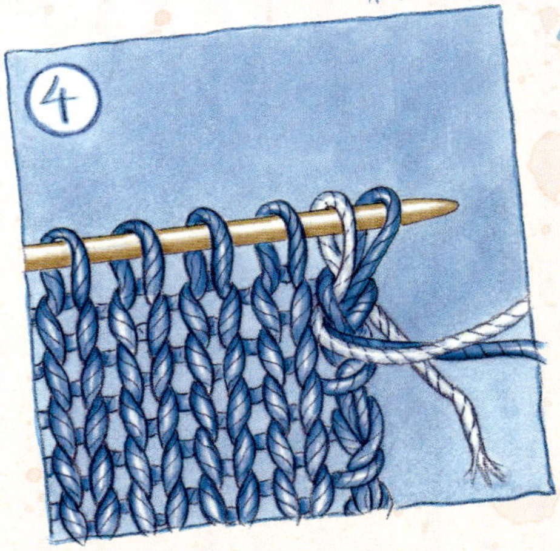

4. In der letzten Reihe vor dem Farbwechsel geschieht nun Folgendes: Stricke die letzte Masche der sechsten Reihe mit zwei Wollfäden ab, nämlich mit deinem hellblauen Faden und einem neuen weißen Wollfaden. Lass ein Stückchen weiße Wolle hängen, das du später vernähst.

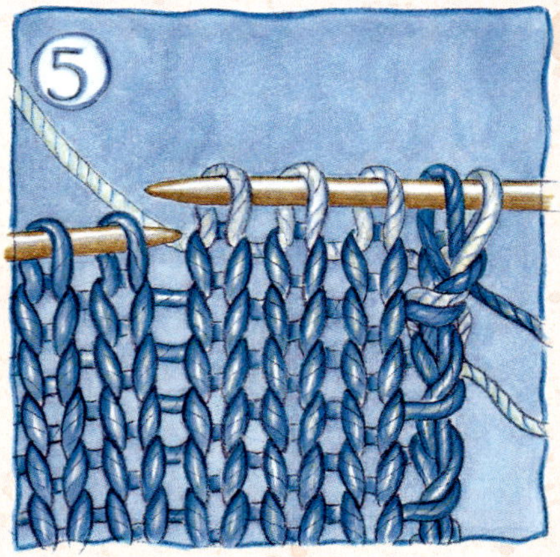

5. Jetzt strickst du die erste Masche der siebten Reihe wiederum mit blauem und weißem Faden ab. Die siebte Reihe ist eine Hinreihe und wird also rechts abgestrickt. Ab der zweiten Masche arbeitest du nur noch mit weißer Wolle weiter. Nachdem du einige Maschen gestrickt hast, ziehst du sowohl am weißen Ende als auch am blauen Faden, um die Maschen etwas zu verdichten. Stricke sechs Reihen mit weißer Wolle in glatt rechts. Um deinen blauen Wollfaden mitzuführen, strickst du die Randmaschen auf der Seite, an welcher der blaue Knäuel hängt, immer mit doppeltem Faden, also mit weißem und blauem Faden. Stricke insgesamt neun Blockstreifen aus je sechs Reihen.

6. Dann kannst du die Maschen locker abketten. Wie das geht, wird beim ersten Strickstück erklärt. Die Vorderseite deiner Tasche ist jetzt fertig. Nun das Gleiche noch einmal, denn du brauchst ja noch eine Rückseite. Ist diese geschafft, musst du nur noch eine Taschenklappe stricken. Schlage wieder 35 Maschen in Hellblau an. Arbeite nur mit hellblauer Wolle eine Klappe von 16 cm Höhe; das entspricht ca. 20 Reihen.

Tipp: Auch für dieses Modell kannst du eine Rundstricknadel einsetzen, wie sie vorne auf dem Materialbild zu sehen ist.

7. Vernähe die Fäden. Lege dann Vorder- und Rückseite genau aufeinander. Rollen sich die Strickstücke zu stark, solltest du sie durch ein angefeuchtetes Tuch bügeln. Lass dir dabei von einem Erwachsenen helfen.

8. Anschließend die Seiten A, B und D zusammennähen. Seite C bleibt offen. An der Rückseite der oberen Öffnung die Klappe annähen. Achte beim Zusammennähen darauf, dass die „Wellenseite“ deines Strickstücks immer zur Innenseite wird.

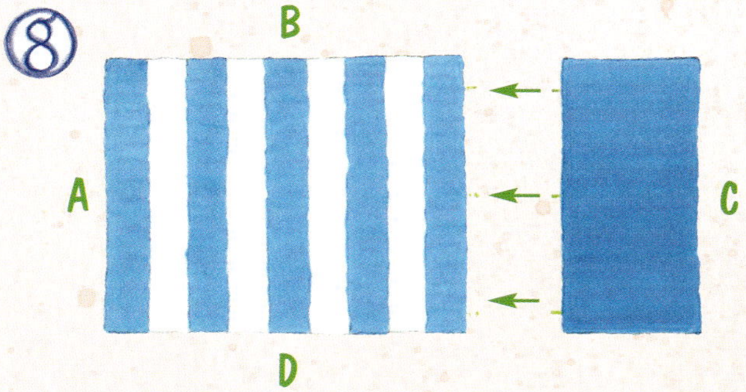

9. Zum Verschließen deiner Tasche nähst du mittig, knapp unterhalb des Klappenendes, einen schönen Knopf an. Fertige aus deiner Wolle eine Fingerschnur von ca. 10 cm. Diese zu einer Schlaufe legen und mittig am Klappenrand mit Stecknadeln feststecken. Von innen mit Stichen annähen. Lass dir von einem Erwachsenen helfen.

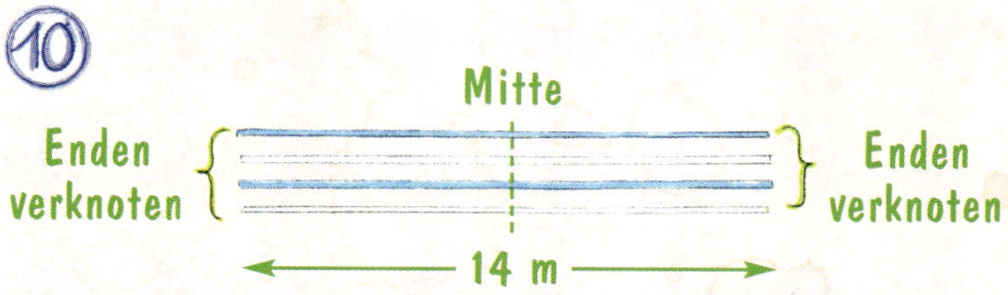

10. Der Umhängeriemen kann auf verschiedene Weisen entstehen: Du kannst z. B. eine Fingerschnur aus mehreren Fäden herstellen, einen Zopf flechten oder eine Kordel drehen.
Für die Kordel benötigst du zweimal 14 m Wolle in Weiß und zweimal 14 m Wolle in Hellblau. Die Wollstränge auf 7 m halbieren und auf jeder Seite verknoten.

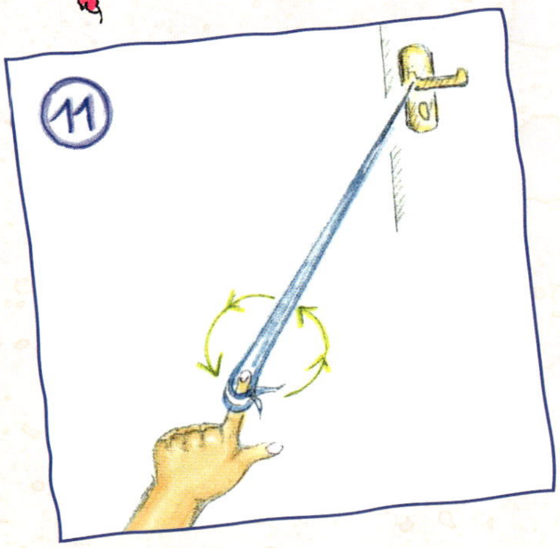

11. Hänge ein Strangende an eine Türklinke oder etwas Ähnliches. Stecke einen Bleistift oder deinen Finger durch das andere Strangende. Drehe nun den Bleistift oder Finger so lange in eine Richtung, bis der Strang ganz straff geworden ist. Dann die Enden zusammennehmen und von der Mitte aus Stück für Stück eindrehen lassen. Dabei die Kordel mit der Hand ständig glatt streifen. Ist die Kordel fertig, die Enden jeweils mit einem schönen Knoten versehen. Für den Fransenabschluss die Kordel an den Enden aufschneiden. Zum Schluss die Kordel seitlich an die Tasche nähen.

Kuschelpullunder

Dein erstes Kleidungsstück! Du kannst den Pullunder glatt rechts stricken oder kraus rechts, also nur mit rechten Maschen.

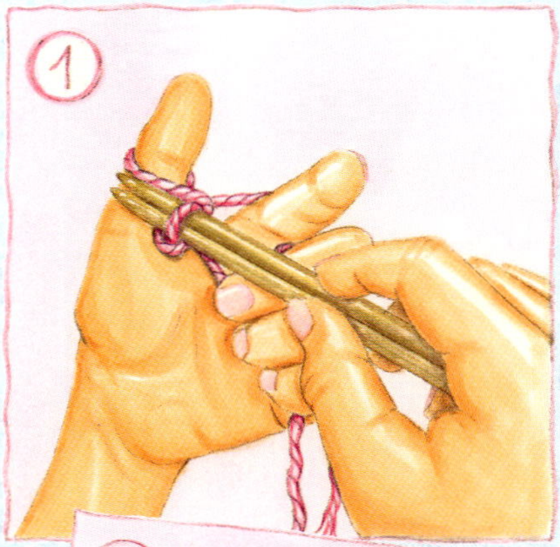

1. Bei diesem Modell gibt es eine Besonderheit: Es wird mit zwei Wollfäden gleichzeitig gestrickt. Du nimmst also die Fäden von zwei Knäueln auf und schlägst die Maschen an, wie beim ersten Strickstück erklärt.
Für meinen Pullunder habe ich 36 Maschen mit zwei Fäden angeschlagen. Er ist 38 cm breit geworden. Gestrickt wurde mit dünnerem reinem Schurwollgarn und einem ganz feinen Mohairgarn in Rosa. Dazu kannst du Bambusnadeln der Stärke 7 verwenden.

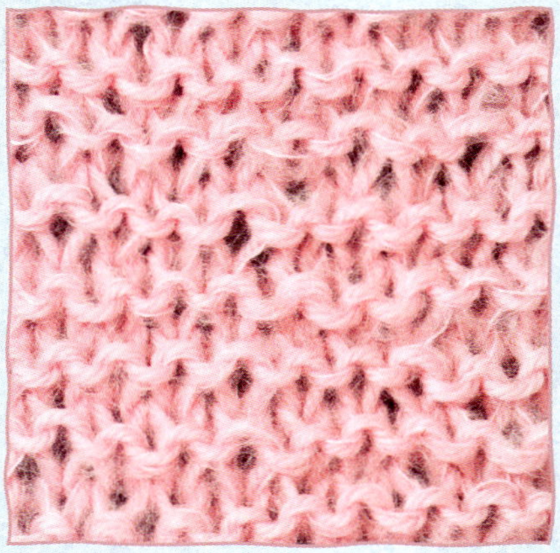

2. Sind alle Maschen angeschlagen, strickst du zunächst einmal rechte Maschen. Weißt du noch, wie das geht? Falls nicht, lies im Kapitel über das erste Strickstück noch einmal nach. Wie immer arbeitest du die ersten fünf Maschen mit doppeltem Faden. Das heißt bie diesem Modell, vier Fäden ergeben eine Masche.

Jetzt kannst du dir schon ein eigenes Kleidungsstück stricken.
Du bist zum echten Strickprofi geworden.

3. Nach der ersten Reihe musst du dich entscheiden, wie du deinen Pullunder gerne stricken möchtest. Mein Pullunder ist kraus rechts gestrickt. Wenn du es genauso machen möchtest, strickst du einfach alle weiteren Reihen rechts. Stricke so lange, bis der Pullunder eine für dich angenehme Länge hat. Schau dich dabei im Spiegel an. Mein Kuschelpullunder ist 30 „Wellen“ und 37 cm lang geworden.

4. Willst du deinen Pullunder glatt rechts stricken, arbeitest du die Rückreihen mit linken Maschen. Schau beim Teddyschal nach, wenn du Fragen hast!

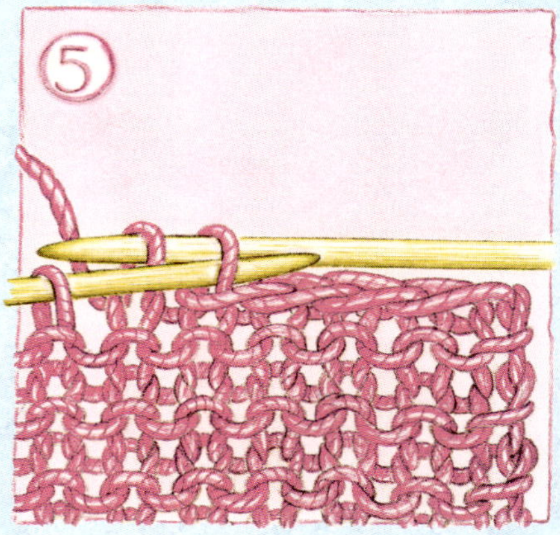

5. Wenn deine Pullundervorderseite lang genug ist, kettest du die Maschen ab. Sind alle Maschen abgekettet, den Faden abschneiden und durch die letzte Masche ziehen.

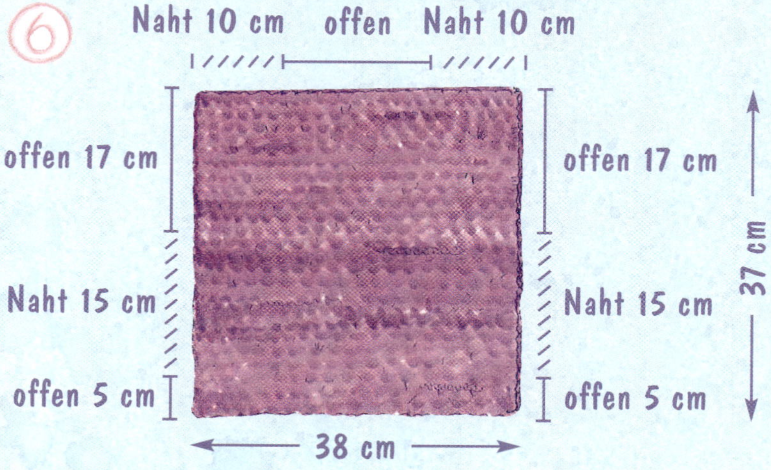

6. Dann strickst du das gleiche Stück noch einmal als Rückseite. Anschließend vernähst du die Fäden. Sind alle Fäden vernäht, legst du Vorder- und Rückseite genau aufeinander. Nähe die Seiten so zusammen, wie in der Zeichnung gezeigt. Lass an beiden Seiten und oben Lücken für Kopf und Arme.

7. Pause die abgebildete Vorlage ab, schneide sie als Schablone aus und male die Blüte dreimal mit einem weichen Buntstift auf hellrosa Filz auf. Schneide die Blütenblätter aus. Die Blütenmitte entsteht aus weinrotem oder fliederfarbenem Filz mithilfe eines Ein-Cent-Stücks.

8. Stecke alles an der gewünschten Stelle auf deinem Pullunder fest und nähe die Filzblüten mit feinen Stichen an. Lass dir von einem Erwachsenen helfen. In der Mitte jeder Blüte eine rosa Paillette mit rosa Perle anbringen. Fertig!

Was tun, wenn ...?

Für fast alle Probleme gibt es eine Lösung. Rettung ist also meistens in Sicht. Die erste Verhaltensmaßnahme lautet: Keep cool – bewahre einen kühlen Kopf!

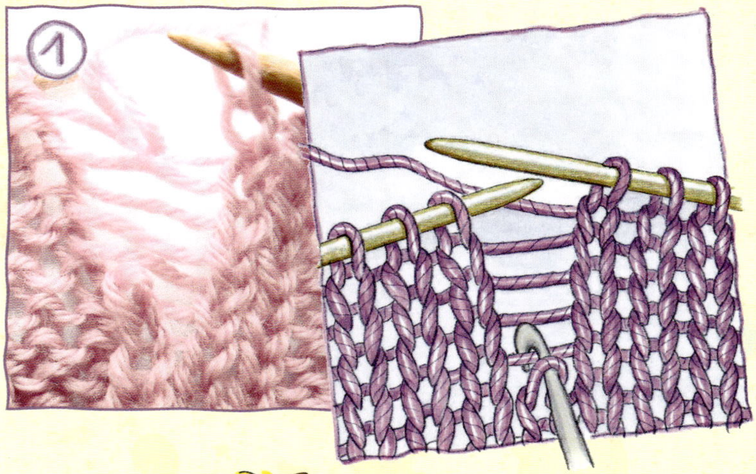

1. Ist dir eine Masche von der Nadel gerutscht, kannst du sie gut mit einer Häkelnadel wieder einfangen. Das klappt auch, wenn sie schon ein paar Stockwerke tiefer gefallen ist. Bei rechten Maschen nimmst du die gefallene Masche von vorne auf die Häkelnadel und holst den darüberliegenden Querfaden durch. Das machst du so oft, bis du wieder oben bei den Stricknadeln angekommen bist.

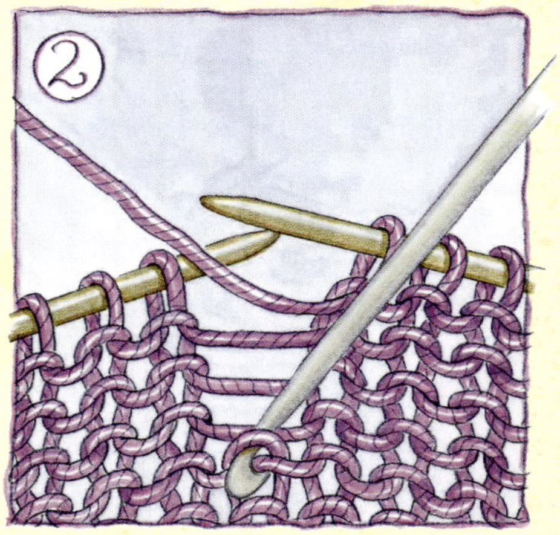

2. Bei linken Maschen stichst du von hinten in die gefallene Masche ein und ziehst den darüberliegenden Querfaden von vorne nach hinten durch die Masche.
Bei kraus rechts gestrickten Reihen stichst du entsprechend dem Maschenbild mal von vorne, mal von hinten mit der Häkelnadel ein und holst die Laufmasche nach oben.

3. Hast du aus Versehen fünf linke Maschen in einer rechten Reihe gestrickt, dann musst du dir etwas anderes einfallen lassen. Weghexen lassen sich die Maschen leider nicht! Du kannst aber dein Strickstück mit einem Filzherzen bestücken, das du mit feinen Stichen aufnähst. Damit hast du an dieser Stelle einen schöner Hingucker – und niemand ahnt den wahren Grund!

4. Auch ein Knopf kann ein Retter sein. Etwa wenn dir weit unten im Strickstück eine Masche von der Nadel gerutscht ist. Und das hast du erst bemerkt, nachdem du abgekettet hast. Dann musst du die Masche mit Sticknadel und Faden sichern. Weil das jetzt bestimmt nicht ganz so hübsch aussieht, nähst du einfach einen Knopf an die Stelle.

Tipp: Natürlich kannst du auch eine Blume oder ein sonstiges Motiv auswählen, um die fehlerhafte Stelle zu verstecken. Verziere das Filzmotiv eventuell noch mit Glitzersteinen oder Glitterstift. Sei erfinderisch!

5. Nicht an alle Stellen passt ein Knopf. Manchmal sehen über das Strickstück verteilte Pailletten und Perlen besser aus. Damit lassen sich auch zu groß geratene Maschen ganz prima kaschieren (damit meint man: verstecken)!

6. Stell dir vor, dein Strickstück ist fertig und gleich am zweiten Tag bleibst du damit irgendwo am Zaun hängen. Das Ergebnis: ein grässliches Loch! Nähe es, so sauber wie möglich, zu – vielleicht kann dir ja deine Mama oder Oma zur Hand gehen. Dann strickst du einfach ein Rechteck aus farblich passender Wolle. Nähe das Strickstück als Täschchen auf dein geflicktes Teil. Jetzt hast du ein Täschchen mehr und ein Loch weniger!

7. Bei genauerer Betrachtung sieht es so aus, als ob dein Strickstück kleiner oder größer wird? Dann hast du es vielleicht nicht geschafft, immer die gleiche Anzahl an Maschen zu stricken. Macht nix: Versuche, dich beim nächsten Strickstück noch mehr zu konzentrieren, und zähle beim Stricken immer die Maschen mit. So merkst du gleich, wenn dir eine „weggelaufen" ist! An den schiefen Rand kannst du ein paar Fransen anknüpfen – das lockert die Randlinie etwas auf. Oder fasse den Rand rundum mit kontrastfarbenem Wollfaden ein.

Impressum

Konzept, Text, Steppfotos und technische Illustrationen: Henriette Katharina Foldenauer

Lektorat und Fachkorrektur: 360°/Eva Hauck, Berlin

Redaktion: Angelika Klein

Fotos: Uli Glasemann (S. 9, 13, 19, 23, 27, 31, 37, 43, 49, 55)

Styling: Elke Reith

Illustrationen: Corina Beurenmeister

Umschlaggestaltung: Aurélie Lambrecht

Layout: art und weise, Freiburg

Reproduktion: Meyle & Müller, Pforzheim

Druck und Verarbeitung: Himmer AG, Augsburg

ISBN 978-3-86673-025-0
Art.-Nr. 2025

Hersteller

Garne

Coats GmbH, Kenzingen (D), www.coatsgmbh.de

Coats Harlander GmbH (A), Wien, www.coatscrafts.at

Coats Stroppel AG, Turgi (CH), www.coatscrafts.ch

Junghans Wollversand GmbH & Co. KG, Aachen, www.junghans.de

Lana Grossa GmbH, Gaimersheim, www.lanagrossa.de

Lang Yarns, Korschenbroich, www.langyarns.ch

ONline Klaus Koch GmbH, Stadtallendorf, www.online-garne.de

Schoeller + Stahl, Süssen, www.schoeller-und-stahl.de

Nadeln und Zubehör

Prym Consumer GmbH, Stollberg, www.prym-consumer.de

Knöpfe, Perlen, Pailletten

Rayher Hobby GmbH, Laupheim www.rayher-hobby.de

Gütermann creative – KnorrPrandell GmbH, Lichtenfels www.guetermann.com

Glitterstifte

Marabu GmbH & Co. KG, Tamm www.marabu.de

Die Autorin dankt den Firmen für ihre Unterstützung. Ein weiteres Dankeschön geht an die Tochter der Autorin, Julia Foldenauer, für ihre Mithilfe bei den Fotoarbeiten und für die Bereitstellung ihres ersten Strickstücks.

Autorin und Verlag haben die größtmögliche Sorgfalt walten lassen, um sicherzustellen, dass alle Angaben und Anleitungen korrekt sind, können jedoch im Falle unrichtiger Angaben keinerlei Haftung für eventuelle Folgen, direkte oder indirekte, übernehmen. Die gezeigten Materialien sind zeitlich unverbindlich. Der Verlag übernimmt für Verfügbarkeit und Lieferbarkeit keine Gewähr und keine Haftung.

Farbe und Helligkeit der in diesem Buch gezeigten Garne, Materialien und Modelle können von den jeweiligen Originalen abweichen. Die bildliche Darstellung ist unverbindlich. Der Verlag übernimmt keine Gewähr und keine Haftung.